O cão salva-vidas

O cão salva-vidas

Cecília Rocha e Clara Araújo

FEB

Copyright © 2005 *by*
FEDERAÇÃO ESPÍRITA BRASILEIRA – FEB

3ª Edição – 1ª impressão – 2 mil exemplares – 3/2013

ISBN 978-85-7328-743-1

Todos os direitos reservados. Nenhuma parte desta publicação pode ser reproduzida, armazenada ou transmitida, total ou parcialmente, por quaisquer métodos ou processos, sem autorização do detentor do *copyright*.

FEDERAÇÃO ESPÍRITA BRASILEIRA – FEB
Av. L 2 Norte – Q. 603 – Conjunto F (SGAN)
70830-030 – Brasília (DF) – Brasil
www.feblivraria.com.br
editorial@febnet.org.br
+55 61 2101 6198

Pedidos de livros à FEB – Departamento Editorial
Tel.: (21) 2187 8282 / Fax: (21) 2187 8298

Texto revisado conforme o Novo Acordo Ortográfico.

Dados Internacionais de Catalogação na Publicação (CIP)
(Federação Espírita Brasileira – Biblioteca de Obras Raras)

R672c   Rocha, Cecília, 1919-2012

   O cão salva-vidas / Cecília Rocha e Clara Lila; [Ilustrações: Impact Storm]. 3 ed. 1 imp. – Brasília: FEB, 2013.

   34 p.; il. color.; 25 cm – (Coleção: Lições de vida)

   ISBN 978-85-7328-743-1

   1. Relação homem-animal – Literatura infantojuvenil. I. Lila, Clara, 1946–. II. Federação Espírita Brasileira. III. Impact Storm. IV. Título. V. Coleção.

   CDD 028.5
   CDU 087.5
   CDE 81.00.00

APRESENTAÇÃO

Com o objetivo de divertir e possibilitar a aquisição de conhecimentos e valores éticos, estamos oferecendo ao público infantil esta coleção de livros de histórias. Esta série, que se destina a crianças de cinco e seis anos de idade, foi escrita em linguagem acessível a este público, com textos curtos, enriquecidos de ilustrações que permitem à criança a visualização e a concretização dos conteúdos apresentados. Acreditamos que o manuseio destas obras poderá despertar nas crianças hábitos de boa leitura e entendemos que os exemplos de comportamentos morais aqui sugeridos poderão servir de modelo a ser imitado. Consideramos, ainda, que esta coleção de livros auxiliará os pais na seleção de obras infantis que, certamente, irão colaborar com a educação de seus filhos.

As Autoras

Tio Quincas levantou muito cedo! Naquele dia chegariam as crianças para mais um final de semana no sítio.
— Vamos, Rex – disse tio Quincas, olhando para o cachorro de grande porte. – Precisamos preparar tudo para os meninos. Rex abanou o rabo e seguiu obediente o seu dono e amigo. Quincas foi até o estábulo para tirar o leite da vaquinha Mimosa.

— Sabe, Mimosa, meus sobrinhos trarão um amiguinho e estou ansioso por conhecê-lo! Mimosa olhou para Quincas e mugiu. Rex abanou o rabo satisfeito...
— Por isso, Mimosa, você precisa dar muito leite, pois os meninos chegarão da viagem com fome.

Branquinho, o cavalo do sítio, já estava atrelado à charrete que iria buscar os meninos na estação de trem.
Assim, animados, Quincas, Rex e Branquinho se puseram a caminho para pegar os meninos que os aguardavam na estação.

Ao vê-los, que alegria! Tio Quincas os abraçou, exclamando:
— Como é bom tê-los aqui novamente! Estava com saudades...
— Nós também, tio Quincas – disse André, abraçando o tio. Rex pulava de contentamento. O novo amiguinho foi logo apresentado: — Tio, este é o Carlinhos, nosso amigo... – falou Lucas, o outro sobrinho de Quincas.

Carlinhos estava entusiasmado. Nunca estivera em um sítio, pois só conhecia a cidade com seus prédios altos e muitos carros. Os meninos lhe disseram que na casa do tio Quincas tinha até um rio para pescar e nadar. Que beleza!

Tio Quincas preparou um lanche farto e todos se deliciaram com o pão fresquinho que ele assara, com a manteiga e o queijo que fizera do leite da Mimosa e com o mel gostoso que tirara da colmeia das abelhas que criava. Os meninos estavam ansiosos para mostrar ao Carlinhos a criação de animais do tio Quincas.

Filó, a gatinha, foi para o colo de André, que a acariciava. Ela miava de contentamento.

Ao final do lanche, as crianças correram para o quintal. Oh, quantos animais! A pata, com seus patinhos, a galinha, com seus pintinhos, perus que faziam glu, glu, glu, dois coelhinhos pulando por entre a grama, o filhote de Mimosa, as vaquinhas que ruminavam o capim, as cabras pastando com seus cabritinhos e um pequeno lago cheio de peixinhos... Ah, como era bom estar no sítio do tio Quincas!

Tio Quincas chamou André, Lucas e Carlinhos para ajudar.
— Venham, está na hora de dar comida para os animais.
Carlinhos não gostou do convite. Queria aventura... Não tinha vindo para trabalhar... ainda mais para os animais. Tio Quincas, que o observava, comentou:
— Os animais precisam comer para ter saúde. São como nós, os seres humanos. Se não forem bem tratados, morrerão.
— Que horror, tio Quincas, não diga isto! Enquanto estivermos aqui queremos ajudá-lo para cuidar de todos eles. São tão bonitos... – disse André.

Carlinhos, então, exclamou:
— Ora, é claro que eles devem comer, mas são animais e não servem para nada...
André e Lucas se entristeceram com as palavras do amiguinho. Tio Quincas, pacientemente, explicou:
— Você está enganado, Carlinhos. Os animais servem ao homem em muitas coisas, além de serem seus amigos. A vaca e a cabra dão o leite que faz o queijo e a manteiga, que alimentam as pessoas. As galinhas põem ovos, que também são ricos para a alimentação dos seres humanos: com os ovos, fazemos a massa do pão, misturada ao trigo, os doces e tantas outras coisas.

Carlinhos retrucou:
— Mas e os outros animais? O cachorro, por exemplo?
— Ora, Carlinhos, cada animal tem a sua função. Rex guarda a nossa casa latindo sempre que escuta algum barulho estranho. Defende a nós e aos animais que aqui vivem. Ele é o guardião deste lar.
Rex, que parecia entender as palavras do tio Quincas, levantou as orelhas...
Tio Quincas continuou:
— Filó, a gatinha, defende a casa de roedores que destroem e estragam a nossa comida...

Lá chegando, munidos de varas de pesca, sentaram-se próximos à beira do rio e lançaram suas iscas. Carlinhos, agora, estava eufórico.
— Isso sim valia a pena, pensava ele.
Esse negócio de cuidar dos animais não era para ele, queria se divertir: pescar, nadar, correr... Isso era bom!
E, pensando dessa maneira, não percebeu que cada vez se aproximava mais da beira do rio. Foi quando, de repente, houve um puxão mais forte na sua vara. Ele havia fisgado um peixe grande, mas tão grande, tão grande... que o puxou para dentro da água: "tchibum".

Lá se foi o Carlinhos pela correnteza afora... Tentava gritar para que o tirassem de lá, mas quanto mais se debatia, mais afundava. Será que ele iria se afogar?
André e Lucas saíram correndo, pela margem, ao seu encontro, mas o rio, agitado e com pequenas ondas, levava Carlinhos para mais longe. Rex, atento a tudo, jogou-se imediatamente às águas, indo em direção ao menino...

Rex, nadando, nadando, conseguiu, com muito esforço, chegar próximo a Carlinhos e, mordendo suas roupas, puxou-o para a margem.
Ufa! Que susto! Carlinhos estava salvo... graças ao Rex. André e Lucas abraçavam o cão e o menino com enorme alegria e diziam:

— Rex, bom amigo, você conseguiu salvá-lo...
E o cão, percebendo o que fizera, lambia o rosto de Carlinhos, ainda um pouco tonto, mas feliz por ter sido salvo.

Ao retornarem ao sítio do tio Quincas, contaram tudo para ele. Preocupado com o que acontecera, mas aliviado por Carlinhos ter sido salvo, perguntou: — E então, Carlinhos, como se sente?
— Ah, tio Quincas, nunca mais vou achar que os animais não servem para nada. Se não fosse pelo Rex, eu teria me afogado... A partir de hoje vou cuidar muito bem de todos eles. Aprendi a lição...
Rex latia alegre, sendo festejado por seu dono e por Carlinhos que, agradecido, afagava o amigo que o salvara!

Há 7 diferenças nestas imagens. Você consegue descobrir quais são?

Resposta: 1 - Pintinho, 2 - Patinho, 3 - Pinta no rosto de Lucas, 4 - Sol, 5 - Manchas do Rex, 6 - Coelho, 7 - Orelha da vaca

Ligue cada animal ao alimento de que mais ele gosta:

Pinte, no desenho abaixo, o sítio do tio Quincas, com todos os seus animais.

1 – Por que os animais precisam ser bem tratados?
_____
_____

2 – Você acha que os cães podem ser nossos amigos? Por quê?
_____
_____

3 – Na história, há varios animais que vivem no sítio do tio Quincas. De qual você gostou mais?
_____
_____

4 – Por que Carlinhos, que não gostava de animais, mudou de opinião sobre eles?
_____
_____

5 – Você gostaria de ter um cão igual ao Rex? Por quê?
_____
_____
_____
_____

Como funciona?

Utilize o aplicativo QR Code no seu aparelho celular ou *tablet*, posicione o leitor sobre a figura demonstrada acima, a imagem será captada através da câmera do seu aparelho e serão decodificadas as informações que levarão você para o *site* da Editora.

Conselho Editorial:
Antonio Cesar Perri de Carvalho – Presidente

Coordenação Editorial:
Geraldo Campetti Sobrinho

Produção Editorial:
Fernando Cesar Quaglia

Coordenação de Revisão:
Davi Miranda

Revisão:
Rosiane Dias Rodrigues

Capa:
João Guilherme Andery Tayer

Projeto Gráfico e Diagramação:
João Guilherme Andery Tayer

Ilustrações:
Impact Storm

Normalização Técnica:
Biblioteca de Obras Raras e Patrimônio do Livro

Esta edição foi impressa pela Gráfica Edelbra Ltda., Erechim, RS, com tiragem de 2 mil exemplares, todos em formato fechado de 200x250 mm. Os papéis utilizados foram o Couché Brilho 115 g/m² para o miolo e o cartão Supremo 250 g/m² para a capa. O texto principal foi composto em fonte Amaranth 17/23.